Innovationsbeitrag – Schutz bei Fluten durch Starkregen, Dammbruch und Tsunamis

Dies sind keine statisch berechneten Baupläne, sondern lediglich Innovationsideen, deren Prinzip hier wiedergegeben wird.
Der Beitrag basiert auf bestehenden Daten und wird durch meine innovativen Ideen ergänzt.
Weitere Open-Innovationen sind auf meiner Seite zu finden: https://wilkeofficebildungberatung.de/open-innovations-and-more.

Die Höchstwerte, die mir die KI im Januar 2025 wiedergegeben hat, werden ebenfalls berücksichtigt.

1. Starkregen – Höchstwerte

- **China, Zhengzhou (2021):**

    - **Niederschlag:** Über 200 mm innerhalb einer Stunde (insgesamt ca. 600 mm in 24 Stunden).
    - **Überflutung:** Teile der Stadt waren über **3 Meter tief** unter Wasser.
    - Ursache: Ein extrem starkes Regenereignis, ausgelöst durch ein stationäres Tiefdrucksystem.

- **Indien, Mumbai (2005):**

    - **Niederschlag:** 944 mm Regen innerhalb von 24 Stunden.
    - **Überflutung:** Bis zu **5 Meter tief** in einigen Stadtteilen.
    - Ursache: Monsoon-Regenfälle, unzureichende Entwässerung und Urbanisierung.

2. Dammbruch – Extreme Fälle

- **Banqiao-Staudamm, China (1975):**
    - **Ausmaß:** Der Damm des Banqiao-Stausees brach nach extremem Regen (ca. 1.631 mm in drei Tagen).
    - **Flutwelle:** Die Flut erreichte bis zu **10 Meter Höhe** und bewegte sich mit etwa 50 km/h durch die umliegenden Städte.
    - **Schäden:** Schätzungsweise 26.000 Menschen starben durch die Flut direkt, mit über 200.000 weiteren Todesfällen durch Krankheiten und Hunger.
- **Johnstown, Pennsylvania, USA (1889):**
    - **Ausmaß:** Der South Fork Dam brach und ließ ca. 20 Millionen Tonnen Wasser frei.
    - **Flutwelle:** Bis zu **18 Meter hoch**, traf die Stadt mit verheerender Zerstörung.
    - **Schäden:** Über 2.200 Tote.
- **Moa-Feierwehrkatastrophe, Deutschland (1613):**
    - Im Mittelalter wurden Städte an Flüssen (z. B. Elbe) nach Hochwasser oft bis zu 7 Meter tief überschwemmt (Mittelalterquellen).

3. Straßenschutz, Hilfs- und Rettungsmöglichkeiten

- **Straßenschutz**

   Am Straßenrand die Bordsteigkanten gehen wie Schwimmer noch oben über Wasser bleibend dabei ziehen sie Dämmwände zwischen Straße und Bürgersteig mit nach oben eine   Zwischenwand bildend.

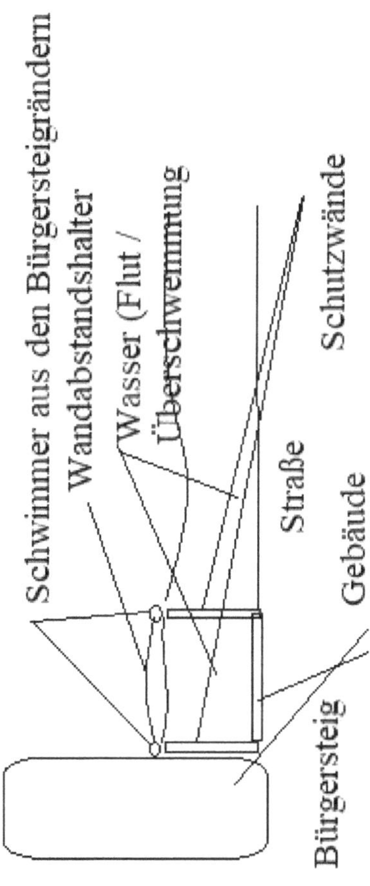

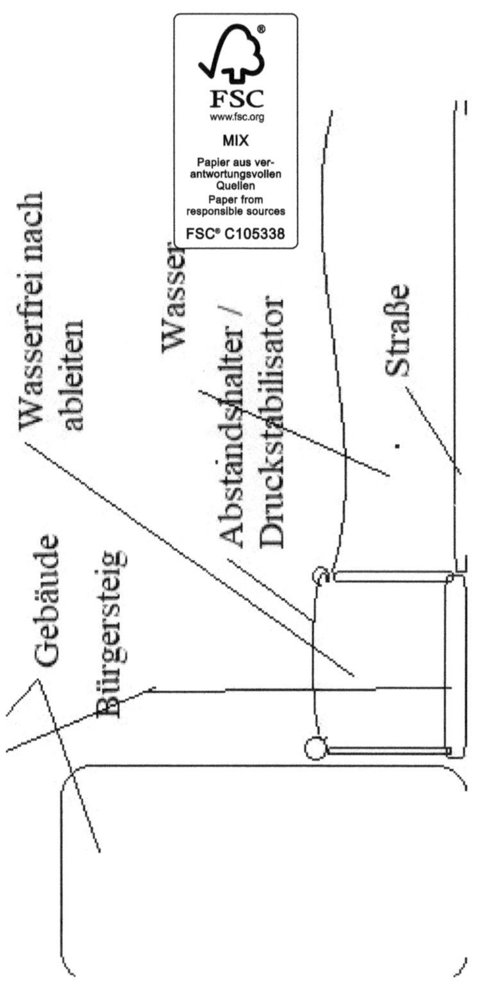

An der Gebäudewandseite befinden sich als
Druckpuffer Rollen zwischen den Gebäudewänden und
der Schutzwand.
Beide Wände sind oben wie Torbögen zur
Stabilisierung miteinander verbunden.
Sind beide Wände hochgefahren, kann mit dem

Wasserabfluss oder Abpumpen begonnen werden.

- **Verkehrsinseln zu Rettungsinseln**

Verkehrsinseln mit einem Unterbau die eine
Schwimmerfunktion übernehmen heben die
Verkehrsinsel steigt mit der Fluthöhe und bleibt
über Wasser. Diese fungieren dann als
Rettungsinsel

Große Verkehrsinseln

Verkehrsinseln in Größe um die Bus – Durchmessermaß.

Um das Abdriften zu verhindern sind diese mit Edelstahlseilen verankert.

Die Stahlseile der kleineren Inseln befinden sich optional unter der Insel.

Die Straßenbauweise ist unabhängig von der Flutgefahrenstufe.
Bekanntlich lassen Straßengullis Regenwasser abfließen.

Um solche Massen an Wasser in kurzer Zeit abzuleiten, sind Klappsysteme streckenweise oder platzweise notwendig. Diese Klappen öffnen sich und leiten stärkere Wassermengen in Zisternen.

Das Klappsystem ist auch bei Bahnhöfen empfehlenswert, die nicht unterirdisch liegen, oder bei Stationen, die unter ihnen (unterirdisch) liegen.

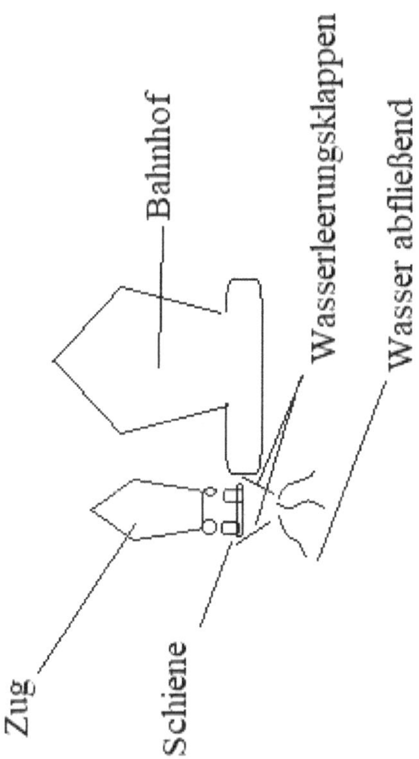

- **Idee eine Flutenrettungs- und Versorgungsfahrzeug**

Amphibisches Rettungsfahrzeug (Hovercraft-Modell)

1. Einleitung: Das amphibische Rettungsfahrzeug basiert auf dem Prinzip eines **Hovercrafts**, das sowohl auf Land als auch auf Wasser agieren kann. Dieses Fahrzeug ist speziell für den Einsatz in Katastrophensituationen entwickelt, in denen schnelle und sichere Evakuierungen erforderlich sind, sei es auf Überschwemmungsgebieten, über vereiste Flächen oder in anderen schwer zugänglichen Gebieten. Durch seine **Schwebetechnologie** kann das Fahrzeug über verschiedenste Oberflächen gleiten und ermöglicht so eine ungehinderte Fortbewegung in extremen Umgebungen.

2. Aufbau des Fahrzeugs: Das Fahrzeug ist modular aufgebaut und folgt einem spezifischen, durchdachten Design, das den sicheren Transport von Rettungsbedürftigen und Versorgungsgütern ermöglicht.

- **Führungsbereich:** An der Spitze des Fahrzeugs befindet sich eine **Zweipersonenführungskabine**, die sowohl dem Fahrer als auch einem Begleiter Platz bietet. Diese Kabine ist aerodynamisch und so konstruiert, dass sie den Luftstrom optimiert, um das Fahrzeug effizient zu manövrieren. Hier werden alle notwendigen Steuerungen und Kommunikationssysteme untergebracht, um den sicheren Betrieb zu gewährleisten.

- **Versorgungsbereich:** Direkt hinter der Führungszone befindet sich ein kleinerer **Versorgungsbereich**, der Platz für **Medi-Packs**, **Trinkwasserflaschen**, **Trockenmilchpäckchen** und **Notessenpäckchen** bietet. Dieser Bereich ist speziell darauf ausgelegt, schnelle Hilfe und Vorräte bereitzustellen, die während einer Evakuierung dringend benötigt werden. Hier können Rettungskräfte schnell auf die wichtigsten Ressourcen zugreifen.

- **Korb- und Rettungsplattform:** Der hintere Teil des Fahrzeugs ist mit einer **flachen**

Plattform ausgestattet, die für die Evakuierung von Menschen und Tieren genutzt wird. Rechts und links befinden sich bis zu **4-5 Personen**-Plätze, die es den Evakuierten ermöglichen, sich während der Fahrt festzuhalten. Die Plattform ist mit einem **Geländer** gesichert, das so konstruiert ist, dass **auch Kleinkinder, Hunde oder Katzen** nicht herausrutschen können. Das Geländer hat die Form eines **Korbs**, um die Sicherheit zu erhöhen.

- **Sicherheitsgürtel und Karabinerhaken:** Zur zusätzlichen Sicherheit tragen alle Personen auf der **Rettungsplattform** einen **Gürtel mit Strick und Karabinerhaken**, um sich während der Fahrt an dem **Korbgeländer** zu fixieren. Diese Vorrichtung stellt sicher, dass auch bei starker Strömung oder unruhigen Bedingungen niemand in Gefahr gerät.

- **Oder wie auf dem Bild in Kleinbusform**

3. Funktionsweise und Einsatzmöglichkeiten: Das Fahrzeug nutzt das **Hovercraft-Prinzip**, das durch den erzeugten Luftkissen unter dem Fahrzeug eine fast reibungslose Fortbewegung ermöglicht. Dadurch kann es sowohl auf festen Oberflächen als auch über Wasserflächen gleiten. Besonders bei Überschwemmungen oder auf schwer zugänglichen Geländen ist das Hovercraft-Modell von unschätzbarem Wert.

- **Schnelle Evakuierung:** Das Fahrzeug kann **Menschen aus Überschwemmungsgebieten** oder **abgelegenen Gebirgslagen** evakuieren, die von herkömmlichen Fahrzeugen oder Booten nicht erreicht werden können. Mit seiner

Fähigkeit, über Land und Wasser zu fahren, ermöglicht es schnelle Evakuierungsaktionen auch unter extremen Wetterbedingungen.

- **Transport von Hilfsgütern:** Die Versorgungsfläche ermöglicht den **Transport von Notfallhilfsgütern** wie Wasser, Nahrung und Medikamenten direkt zu den Bedürftigen, selbst wenn diese in schwer zugänglichen Gebieten oder auf Inseln inmitten von Überschwemmungen gestrandet sind.

- **Stabilität und Sicherheit:** Das **Hovercraft-Design** sorgt für eine stabile Fortbewegung, selbst in turbulenten Gewässern oder auf unwegsamem Gelände. Die **Bodenfreiheit** des Fahrzeugs ermöglicht es, Hindernisse wie Trümmer, Äste oder kleinere Wellen zu überwinden, ohne dass die Bewegung beeinträchtigt wird.

4. Vorteile des Hovercraft-Modells:

- **Flexibilität:** Das Fahrzeug kann in unterschiedlichsten **Umgebungen operieren** und ermöglicht die Evakuierung aus Bereichen, die mit herkömmlichen Rettungsfahrzeugen nicht erreichbar sind.

- **Sicherheit:** Durch die **spezielle Konstruktion des Korbes** und die Sicherheitsgurte mit Karabinerhaken ist das Fahrzeug in der Lage, eine hohe Anzahl von Evakuierten sicher zu transportieren, ohne das Risiko von Verletzungen durch Abrutschen oder Herausfallen.

- **Einfache Handhabung:** Die

Zweipersonenführungskabine ermöglicht eine einfache Steuerung des Fahrzeugs. Gleichzeitig bieten die **Vorratseinheiten** eine schnelle und unkomplizierte Bereitstellung von Notfallversorgung.

- **Rettung von Menschen und Tieren:** Das Design ist darauf ausgerichtet, **nicht nur Menschen**, sondern auch **Haustiere** zu evakuieren, was in Katastrophenfällen oft übersehen wird.

5. **Fazit:** Das **amphibische Rettungsfahrzeug auf Hovercraft-Basis** stellt eine bahnbrechende Lösung für die Evakuierung und Rettung in Katastrophensituationen dar. Durch seine einzigartige Kombination aus Land- und Wasserfähigkeiten, seiner Sicherheitsstruktur und seiner Fähigkeit, sowohl Menschen als auch Hilfsgüter effizient zu transportieren, spielt dieses Fahrzeug eine zentrale Rolle in der modernen Katastrophenhilfe. Es gewährleistet schnelle, flexible und sichere Evakuierungen, selbst unter extremen Bedingungen, und trägt somit maßgeblich zur **Verbesserung der Rettungskapazitäten** bei Naturkatastrophen.

Erweiterung des amphibischen Rettungsfahrzeugs: Luftbeutel-Kabinenstruktur

Um die **Sicherheit und Stabilität** des amphibischen Rettungsfahrzeugs weiter zu verbessern, wird das Design mit einer innovativen **Luftbeutel-Kabinenstruktur** unter der Plattform ergänzt. Diese Struktur sorgt dafür, dass selbst bei einem **Schaden an einem Luftbeutel** das Fahrzeug weiterhin stabil und sicher bleibt. Der Luftkissenmechanismus, der das Fahrzeug über Wasser und unebenes Gelände trägt, ist in **einzelne, voneinander unabhängige Kabinen unterteilt**. Jede dieser Kabinen funktioniert als **autonome Einheit**, was die Gefahr eines Gesamtverlustes durch das Ausfallen eines einzelnen Beutels minimiert.

1. Funktionsweise der Luftbeutel-Kabinenstruktur:

- **Unabhängige Luftbeutel:** Unter der Plattform des Fahrzeugs sind **mehrere, voneinander abgetrennte Luftbeutel** installiert. Diese Beutel sind so konzipiert, dass sie jeweils **separat arbeiten**, was bedeutet, dass der Ausfall eines einzelnen Luftbeutels die Gesamtstabilität des Fahrzeugs nicht beeinträchtigt. Jeder Luftbeutel ist wie eine **eigenständige Kabine**, die die Last des Fahrzeugs trägt und das Fahrzeug in der Luft hält.

- **Sicherheitsmechanismus bei Beschädigung:** Sollte ein **Luftbeutel reißen** oder beschädigt werden – beispielsweise durch das Überfahren eines verdeckten Hindernisses wie einem **schwimmenden Trümmerteil**, das einen Luftsack aufreißt – wird die **Verlagerung der Last** sofort von den benachbarten Kabinen übernommen. Die verbleibenden Luftbeutel kompensieren den Verlust, sodass das Fahrzeug nicht untergeht oder die Stabilität verliert.

- **Druckmanagement:** Jeder Luftbeutel ist mit **intelligenten Drucksensoren** ausgestattet, die in Echtzeit die Luftzirkulation überwachen. Wenn ein Beutel beschädigt wird, kann das

System **automatisch den Druck in den umliegenden Beuteln anpassen**, um die Stabilität des Fahrzeugs aufrechtzuerhalten. Dies sorgt für eine **kontrollierte Belastungsverlagerung** und verhindert, dass das Fahrzeug kippt oder sinkt.

2. Sicherheitsvorteile der Luftbeutel-Kabinenstruktur:

- **Resilienz gegenüber Hindernissen:** Wenn das Fahrzeug über ein **verdecktes Hindernis** fährt, das ein oder mehrere Luftbeutel beschädigt, sorgt die Kabinenstruktur dafür, dass das Fahrzeug **nicht sofort instabil wird**. Stattdessen können die verbleibenden Kabinen die Aufgabe des betroffenen Beutels übernehmen und das Fahrzeug weiter stabil halten.

- **Redundanz:** Sollte ein Teil des Systems ausfallen, bleibt die Gesamtfunktionalität des Fahrzeugs dank der **Redundanz in der Kabinenstruktur** erhalten. Das Fahrzeug könnte unter extremen Bedingungen weiterhin funktionsfähig bleiben, was die **Zuverlässigkeit und Effizienz** bei Rettungseinsätzen erhöht.

- **Selbstständige Stabilisierung:** Durch die **dynamische Anpassung** des Luftdrucks in den Beuteln, die in Echtzeit überwacht werden, stabilisiert sich das Fahrzeug automatisch. Dies bedeutet, dass die Rettungsmission ohne Verzögerungen oder plötzliche Instabilitäten fortgesetzt werden kann, auch wenn unvorhergesehene Schäden auftreten.

3. Auswirkungen auf das Fahrzeugverhalten:

- **Bessere Manövrierfähigkeit:** Durch das **gesteigerte Sicherheitsgefühl** beim Überfahren von Hindernissen und die Unabhängigkeit der Luftbeutel können die Fahrzeuginsassen sicherer agieren. Das Fahrzeug kann auch **schneller und präziser manövrieren**, ohne dass größere Risiken für die Stabilität auftreten.

- **Wasser- und Landfähigkeit:** Die Kabinenstruktur wirkt sich positiv auf die **Kombination von Land- und Wasserfahrt** aus, da sie das Fahrzeug sowohl bei **ruhigem Wasser** als auch bei **schwankendem oder unebenem Untergrund** stabilisiert. So bleibt die **Schwimmfähigkeit** des Fahrzeugs auch bei schwierigem Terrain gewahrt.

4. Fazit der erweiterten Sicherheitsarchitektur:

Die **Luftbeutel-Kabinenstruktur** stellt eine wesentliche **Erweiterung der Sicherheitsarchitektur** des amphibischen Rettungsfahrzeugs dar und garantiert, dass das Fahrzeug auch unter extremen Bedingungen und bei Beschädigungen des Systems funktionsfähig bleibt. Sie sorgt dafür, dass das Fahrzeug nicht nur **resistent gegenüber unvorhergesehenen Schäden** ist, sondern auch, dass Rettungsmissionen sicher durchgeführt werden können, selbst wenn Hindernisse oder unerwartete Gefahren auftreten. Durch die **intelligente Kabinenstruktur** wird das Fahrzeug **robuster** und **effizienter**, was seine Einsatzmöglichkeiten im Bereich der **Katastrophenhilfe und Rettungsdienste** erheblich erweitert.

Größere Version für Außerstädtische Bereiche

- **Luftrettungstransportmittel**

Punkt	Helikopter	Hubschrauber	Quadrokopter
Bezeichnung	Klassischer Hubschrauber, kann vielseitig sein	Allgemein für rotorbasierte Fluggeräte verwendet	Multirotor-Fluggerät, oft als Drohne bezeichnet
Stabilität in der Luft (am Platz, bei kein Wind)	Sehr stabil durch große Rotoren und Gewicht	Sehr stabil durch Rotoren, kann aber leicht kippen	Stabil, aber empfindlicher bei fehlerhaften Motoren
Stabilität bei starkem Wind	Sehr gut, aber abhängig von Modell und Rotorgröße	Gut bis sehr gut, insbesondere bei größeren Maschinen	Gering bis mittel, stark windempfindlich
Stabilität bei Sturm	Gut bis mittel, der Rotor kann bei sehr starkem Wind ins Schwingen geraten	Gut bis mittel, je nach Rotorgröße und Gewicht	Gering, meist unkontrollierbar bei starkem Sturm
Stabilität bei Sturmregen	Sehr gut, Kabinen und Rotoren sind darauf ausgelegt	Sehr gut, wettergeschützt, robuste Maschinen	Gering, kann durch Regen und Feuchtigkeit stark beeinträchtigt werden

Punkt	Helikopter	Hubschrauber	Quadrokopter
Stabilität bei sandhaltigem Sturm	Gut, aber Gefahr von Staubablagerungen in den Rotoren	Gut, aber auch hier sind die Rotoren anfällig für Sand und Staub	Gering, Rotoren können blockieren und Motoren überhitzen
Stabilität bei aschehaltiger Luft (z.B. nach Vulkanausbruch)	Mäßig, Asche kann die Rotoren und Triebwerke blockieren	Mäßig, Asche kann zu Verstopfungen und Schäden führen	Sehr gering, Asche kann die Motoren vollständig blockieren
Gravitationswiderstand (Standardwert)	Hoch, erfordert mehr Energie zum Fliegen und Steigen	Hoch, aber variabel je nach Hubkraft	Niedrig, bei geringem Gewicht weniger Widerstand
Luftrettung und Versorgungsmöglichkeit bei Null Landefläche	Sehr gut, kann punktgenau landen oder in geringer Höhe schweben, auch bei Engstellen	Sehr gut, gleiche Eigenschaften wie der Helikopter, braucht jedoch Platz	Eingeschränkt, da es keine Möglichkeit bei Null Landefläche gibt, nur für kleinere Versorgungspakete geeignet
Flughöhe und Reichweite	Hoch, einige Modelle erreichen bis zu 6.000 m, Reichweite bis zu 600 km	Hoch, bis zu 6.000 m und mehr, Reichweite ähnlich	Gering, meist unter 500 m, Reichweite bis 50 km (je nach Modell)

Zusammenfassung der wichtigsten Punkte:

- **Stabilität:** Hubschrauber und Helikopter bieten eine sehr gute Stabilität in der Luft, sowohl bei Wind als auch bei starkem Sturm. Die große Rotorfläche sorgt dafür, dass diese Fluggeräte auch bei extremen Wetterbedingungen (außer Asche) relativ gut funktionieren. Der **Quadrokopter** ist hingegen deutlich empfindlicher bei starkem Wind und Regen, da die vier kleineren Rotoren weniger Stabilität bieten und bei schlechtem Wetter schneller beeinträchtigt werden können.

- **Gravitationswiderstand:** Die Rotoren eines Helikopters und Hubschraubers erzeugen durch ihre Größe und die nötige Energie zum Heben einen relativ hohen Gravitationswiderstand. Der **Quadrokopter** hat aufgrund seiner kleineren Bauweise und dem niedrigeren Gewicht einen geringeren Widerstand, benötigt jedoch präzise Steuerung, um trotz der niedrigeren Energieeffizienz stabil zu fliegen.

- **Luftrettung und Versorgung bei Null Landefläche: Helikopter** und **Hubschrauber** sind die besten Optionen für Luftrettung und Versorgung an Orten ohne Landefläche, da sie punktgenau schweben und auch in engen Räumen oder über Hindernissen landen können. Der **Quadrokopter** ist nur begrenzt einsetzbar, da er keine Landemöglichkeit bei Null Landefläche bietet und maximal für kleine Lieferungen genutzt werden kann.

- **Wetterbedingungen:** Alle Geräte sind in Aschehaltiger Luft sehr anfällig, da Asche und

Staub die Mechanik und Motoren stark schädigen können. **Helikopter** und **Hubschrauber** sind bei extremen Bedingungen wie Sturmregen und Sandstürmen robuster als **Quadrokopter**, der in solchen Umgebungen schnell versagen kann.

Innovationsidee zur Steigerung der Luftstabilität von Quadrokptern.

Das Konzept eines Windbrechers, der während der Aktion aus dem Gehäuse eines Fluggeräts (z.B. Helikopter, Hubschrauber oder Quadrokopter) ausgefahren wird, könnte prinzipiell als innovative Lösung zur Verbesserung der Stabilität in windigen oder stürmischen Bedingungen dienen. Der Windbrecher würde in diesem Fall den Windstrom umleiten und als zusätzlichen Auftrieb oder als eine Art stabilisierende Barriere nutzen, die das Fluggerät weniger anfällig für Schwankungen durch Wind macht.

Hier sind einige Überlegungen und Auswirkungen eines solchen Windbrechersystems:

1. Windstromumleitung und Auftriebsverstärkung

- **Prinzip der Tragstromumleitung:** Ein Windbrecher, der sich ausfaltet und den Windstrom um die Gondel oder den Korb leitet, könnte theoretisch den Luftstrom über die Rotoren oder Flügel lenken und dabei helfen, den Auftrieb zu stabilisieren. Dies könnte besonders in turbulenten oder windigen Umgebungen von Vorteil sein, da der Wind nicht direkt auf die Gondel oder den Korb trifft und diese so weniger Schwingungen erfahren.

- **Zusätzlicher Auftrieb:** Wenn der Windbrecher wie eine Art Windflügel arbeitet, könnte er helfen, den Luftstrom in eine für das Fluggerät günstige Richtung zu lenken. Dies könnte eine Stabilisierung des Auftriebs und eine Reduktion des Seitenschwungs bewirken, wenn das Fluggerät in den Wind gerät.

- **Effektive Nutzung von Wind:** Ein solches System würde besonders bei **Gegenwind** oder **seitlichem Wind** effektiv sein, da es den Windstrom um die empfindlichen Teile des Fluggeräts (wie die Gondel oder den Korb) lenken könnte. Diese Technik könnte die allgemeine Aerodynamik verbessern, indem die Luft über das Fluggerät strömt, ohne dass sie direkt in die Struktur des Geräts einwirkt und Schwingungen verursacht.

2. Reduzierung von Schwankungen und Turbulenzen

- **Schwankungsreduktion:** Der Hauptvorteil eines Windbrechersystems wäre die Reduktion der Schwankungen, die durch plötzlich auftretende Luftströmungen oder Turbulenzen verursacht werden. Besonders in Situationen, in denen der Wind plötzlich weht oder sich schnell verändert, könnten die ausgeklappten Windbrecher helfen, das Fluggerät stabiler zu halten. Das Fluggerät würde so weniger von Seitenwinden oder plötzlichen Bögen beeinflusst werden, was die Kontrolle und Sicherheit erhöhen könnte.

- **Turbulenzmanagement:** Ein Windbrecher

könnte in turbulenten Bedingungen als
Pufferzone dienen, die einen größeren Luftstrom
verteilt und sanfter über die Gondel oder den
Korb leitet. Dadurch könnten plötzliche
Luftwirbel oder Schwingungen, die das Gerät
aus der Balance bringen, vermindert werden.

3. Aerodynamische Belastung und zusätzliche Komplexität

- **Zusätzliche aerodynamische Belastung:** Ein
  solcher Windbrecher würde die aerodynamische
  Effizienz des Fluggeräts beeinflussen. Während
  er auf der einen Seite helfen kann, die Stabilität
  zu erhöhen, könnte er auf der anderen Seite den
  Luftwiderstand und die Leistung
  beeinträchtigen, da mehr Bauteile und
  Strukturen im Wind arbeiten müssen. Besonders
  bei höheren Geschwindigkeiten oder in
  stürmischen Bedingungen könnte dieser
  zusätzliche Widerstand die Leistung des
  Fluggeräts verringern.

- **Mechanische Belastung:** Ein Windbrecher
  würde auch zusätzliche mechanische Belastung
  erzeugen, vor allem, wenn er ausgefahren und
  wieder eingefahren wird. Das System müsste so
  konstruiert sein, dass es sowohl robust genug
  ist, um in extremen Windbedingungen zu
  funktionieren, als auch leicht genug, um die
  Gesamtmasse und das Gewicht des Fluggeräts
  nicht übermäßig zu erhöhen.

- **Komplexität und Wartung:** Das Einführen
  eines Windbrechersystems würde zusätzliche
  Komplexität in die Konstruktion und Wartung

des Fluggeräts bringen. Der Mechanismus müsste zuverlässig und schnell ausfahrbar sein, ohne die Funktionsweise der Rotoren oder anderer Flugsysteme zu beeinträchtigen. Auch die Möglichkeit von Störungen oder Defekten bei mechanischen Teilen muss berücksichtigt werden, was regelmäßige Wartung und Tests erfordern würde.

4. Integration in bestehende Fluggeräte

- **Helikopter/Hubschrauber:** Bei diesen größeren Maschinen könnte ein Windbrecher, der die Stabilität bei starkem Wind oder Sturm erhöht, eine interessante Ergänzung sein. Besonders in Rettungseinsätzen oder beim Transport in schwierigen Wetterverhältnissen könnte dies helfen, die Gondel ruhiger zu halten und die Kontrolle zu erleichtern. Allerdings muss der Windbrecher so konstruiert sein, dass er keine negativen Auswirkungen auf die Rotoren oder die Gesamtstabilität des Fluggeräts hat.

- **Quadrokopter:** Für kleinere Multirotorgeräte wie Quadrokopter könnte ein Windbrecher ebenfalls von Vorteil sein, insbesondere wenn er die Schwankungen durch Seitenwind oder Turbulenzen reduziert. Allerdings wäre die Größe und das Gewicht des Systems ein wichtiger Faktor, da Quadrokopter ohnehin ein begrenztes Gewicht tragen können. Eine zu schwere oder komplexe Konstruktion könnte das Flugverhalten negativ beeinflussen.

Fazit

Ein Windbrecher, der als stabilisierende Maßnahme in
Fluggeräten ausklappt und den Windstrom umleitet,
könnte besonders in extremen Wetterbedingungen wie
starkem Wind, Sturm oder auch bei Turbulenzen eine
interessante Lösung sein, um Schwankungen und
Instabilitäten zu verringern. Die Technologie würde
allerdings nicht ohne Herausforderungen auskommen:
die aerodynamische Effizienz, die mechanische
Belastung und die zusätzliche Komplexität der
Konstruktion müssen sorgfältig abgewogen werden.

Das Design müsste so optimiert werden, dass der
Windbrecher effektiv arbeitet, ohne die
Gesamtperformance des Fluggeräts zu beeinträchtigen.
Bei größeren Maschinen wie **Helikoptern** und
Hubschraubern könnte dies eine praktikable
Ergänzung sein, während bei kleineren
Quadrokoptern die Implementierung eines solchen
Systems eher problematisch sein könnte, insbesondere
wenn es das Gewicht oder die Manövrierfähigkeit zu
sehr einschränkt.

Windbrecher für **Quadrokopter** zu verwenden, mit ein
Materialmix aus **Kunstchitin** und **Aluminiumskelett**.
Diese Materialwahl könnte in der Tat einige Vorteile
bieten, da sie sowohl die Stabilität als auch das Gewicht
des Systems gut ausbalanciert. Lassen uns das Konzept
für einen Quadrokopter-Windbrecher in dieser
Kombination durchdenken:

Vorteile der Materialwahl:

1. **Kunstchitin:**

   - **Leicht und flexibel:** Kunstchitin ist
     bekannt für seine Leichtigkeit und

Flexibilität. Diese Eigenschaften sind entscheidend, um den Windbrecher ausklappbar zu machen, ohne dass er das Gesamtgewicht des Quadrokopters zu stark beeinflusst.

- **Festigkeit:** Kunstchitin hat eine hohe Festigkeit im Verhältnis zum Gewicht und könnte dazu beitragen, den Windbrecher stabil zu halten, ohne zu viel zusätzliche Belastung auf das Fluggerät auszuüben.
- **Resistent gegen Wettereinflüsse:** Kunstchitin ist widerstandsfähig gegenüber Feuchtigkeit und UV-Strahlen, was besonders in wechselhaften Wetterbedingungen (Regen, Sonne, Wind) von Vorteil ist. Es ist auch relativ beständig gegenüber Abnutzung, was die Lebensdauer des Systems verlängern könnte.

2. **Aluminiumskelett:**

- **Robust und leicht:** Aluminium ist ein hervorragendes Material für den Rahmen eines Windbrechers, da es robust, korrosionsbeständig und dennoch leicht ist. Es kann die notwendige Stabilität bieten, ohne das Fluggerät unnötig zu beschweren.
- **Hohe Festigkeit:** Aluminium sorgt dafür, dass das Skelett des Windbrechers den Luftdruck, den Wind und die mechanischen Belastungen beim Ausfahren oder bei Windstärken standhält, ohne sich zu verbiegen oder zu brechen.

- **Gute Verarbeitbarkeit: Aluminium lässt sich relativ einfach bearbeiten und in präzise Formen bringen, was für die Konstruktion eines ausfahrbaren Systems von Vorteil ist.**

Design und Funktionsweise des Windbrechersystems:

1. **Mechanismus des Ausfahrens:**

   - Das **Skelett aus Aluminium** könnte als stabile Struktur fungieren, die die **Kunstchitin**-Segmente stützt, wenn diese ausgeklappt werden. Der Windbrecher könnte durch einen Federmechanismus oder einen kleinen Elektromotor aktiviert werden, um die Segmente bei Bedarf schnell und effizient auszufahren.
   - Die **Kunstchitin-Elemente** könnten wie Schalen oder Segmente des Windbrechers fungieren, die sich entlang des Aluminiumskeletts entfalten. Bei Nichtgebrauch wären sie kompakt im Fluggerät verstaut, um keine zusätzliche Luftwiderstandskraft zu erzeugen.

2. **Aerodynamik und Funktion im Wind:**

   - **Windstromumlenkung:** Wenn der Windbrecher ausgefahren wird, könnte er so konstruiert sein, dass er den Windstrom effektiv umlenkt, um die **Gondel** oder den **Korb** des Quadrokopters zu schützen. Die Form des Windbrechers sollte so gestaltet sein, dass der Luftstrom sanft über das Gerät geleitet wird, ohne turbulente Wirbel zu erzeugen, die die Stabilität beeinträchtigen könnten.

- **Vermeidung von Windschwankungen:** Durch die Nutzung der **Windbrecher-**Struktur könnte das Fluggerät in der Luft ruhiger bleiben, besonders bei starkem Wind oder plötzlichen Windböen. Das Ziel ist es, den Auftrieb nicht nur durch die Rotoren, sondern auch durch die Windumleitung zu stabilisieren, was das Schwingen des Quadrokopters reduziert.

3. **Faltmechanismus:**

- **Kompakt und platzsparend:** Da der Quadrokopter relativ wenig Platz für zusätzliche Geräte hat, müsste der Windbrecher beim Einklappen möglichst kompakt und platzsparend verstaut werden. Ein cleverer Mechanismus könnte dafür sorgen, dass die Windbrecherflügel in einer Art Zickzack-Muster oder wie eine Parabolafläche in einem kleinen Gehäuse untergebracht sind.

- **Einfaches Ein- und Ausfahren:** Der Mechanismus für das Ausfahren sollte einfach und zuverlässig sein. Bei einem kleinen Motor könnte das System automatisch aktiviert werden, sobald der Wind über einen festgelegten Schwellenwert hinausgeht. Alternativ könnte der Windbrecher auch manuell ausgefahren werden, wenn der Pilot dies als notwendig erachtet.

4. **Widerstandsfähigkeit gegen äußere Einflüsse:**

- **Turbulente Luft und Regen:** Kunstchitin ist nicht nur robust, sondern auch relativ unempfindlich gegenüber Feuchtigkeit. Das bedeutet, dass das Material auch bei Regen oder feuchtem Wetter seine Festigkeit behält und der Windbrecher weiterhin wirksam bleibt.
- **Schutz vor mechanischer Beschädigung:** Das Aluminiumskelett sorgt für zusätzliche Sicherheit, da es als Stoßdämpfer dient und verhindern kann, dass der Windbrecher bei starker Beanspruchung, wie z.B. bei Turbulenzen oder Kollisionen, beschädigt wird.

Leistung und Herausforderungen:

1. **Leistungsoptimierung:**

- Die Effizienz des Windbrechers würde davon abhängen, wie gut er den Windstrom tatsächlich umlenken kann, ohne zusätzliche Belastung für die Rotoren zu erzeugen. Ein zu schweres oder schlecht konstruiertes System könnte den Quadrokopter ineffizient machen und die Flugzeit erheblich verkürzen.
- Durch die Verwendung von **Kunstchitin** und **Aluminium** bleibt das System relativ leicht, aber dennoch funktional und stabil, was die Flugleistung

optimieren kann.

2. **Herausforderungen:**

- **Komplexität der Konstruktion:** Der Mechanismus muss zuverlässig und einfach zu bedienen sein, um Probleme bei der Aus- und Einklappung zu vermeiden. Besonders bei kleinen Quadrokoptern könnte der Platz ein limitierender Faktor sein.
- **Kosten und Herstellung:** Die Herstellung eines solchen Windbrechersystems könnte relativ teuer und technisch anspruchsvoll sein, besonders wenn hochpräzise Mechanismen und leichte, stabile Materialien benötigt werden.
- **Windstärken:** Der Windbrecher könnte bei sehr starken Windböen oder extremen Bedingungen seine Wirksamkeit verlieren, da es nur eine zusätzliche Stabilisierung bietet und nicht die grundlegende Flugsicherheit eines Quadrokopters gewährleistet.

Fazit:

Ein **Windbrecher** aus **Kunstchitin** und **Aluminiumskelett** für einen **Quadrokopter** ist ein innovativer Ansatz, um die **Stabilität** bei windigen Bedingungen zu verbessern. Er könnte effektiv den Luftstrom um den Quadrokopter lenken, Schwingungen reduzieren und das Gerät in stürmischen oder turbulenten Bedingungen stabiler halten. Die Wahl von Kunstchitin und Aluminium bietet eine gute Kombination aus **Leichtbauweise**, **Festigkeit** und

Widerstandsfähigkeit gegen äußere Einflüsse.

Durch eine **teleskopische Rahmenstruktur** mit einem **Aufblasmechanismus**, der von **Wind** und **Magnetfeldsensoren** gesteuert wird, um die Stabilität eines Quadrokopters in stürmischen oder windigen Bedingungen zu erhöhen. Diese Idee nutzt sowohl aerodynamische als auch magnetische Technologien, um den Wind zu kanalisieren und gleichzeitig die Form des Rahmens dynamisch zu steuern. Schauen wir uns das Konzept näher an:

Technisches Konzept für den Windbrecher mit Teleskopringsystem:

1. Teleskopisches Rahmensystem:

- **Teleskopringe**: Das System besteht aus mehreren **Teleskopringen**, die bei Bedarf nacheinander ausgefahren werden. Jeder Ring greift dabei in den nächsten ein und erhöht die Stabilität der Struktur, wenn die vollständige Ausfahrhöhe erreicht ist. Dies sorgt für eine kompakte Lagerung und ein effizientes Ausfahren.

    - **Funktion:** Jeder Ring des Rahmens ist so konstruiert, dass er sich nur bei Bedarf ausfährt und mit einem festen **Riegelmechanismus** in Position bleibt, wenn er seine Ausfahrhöhe erreicht hat. Wenn die äußeren Ringe sich ausfahren, wird der innere Ring stabilisiert, um zu verhindern, dass die Struktur kippt oder sich unkontrolliert bewegt.

    - **Stabilität:** Wenn der Rahmen

vollständig ausgefahren ist, wird er durch den Wind stabilisiert, der den Rahmen nach außen drückt, sodass der Wind den **Rahmen aufbläst**. Das bedeutet, dass der Wind als zusätzliche Unterstützung für den Aufbau und die Stabilität der Struktur genutzt wird.

2. Aufblasmechanismus:

- **Luftdruck und Windkraft:** Der Rahmen nutzt den **Wind** (Sturm, starke Böen) und wird **aufgeblasen**, um die Struktur vollständig zu füllen. Der Wind wird in spezielle **Luftkanäle** oder Kammern im Rahmen geleitet, die den Druck aufbauen und die Struktur stabilisieren. Die Kammern sind so konstruiert, dass sie sich gleichmäßig mit Luft füllen, ohne dass es zu Überlastungen oder Instabilitäten kommt.

  - **Druckregelung:** Ein **Drucksensor** stellt sicher, dass der Windbrecher nicht zu stark oder zu schwach aufgeblasen wird, um die bestmögliche Stabilität zu gewährleisten. Dies könnte durch eine automatische **Luftregulierungseinheit** geschehen, die den Winddruck basierend auf den aktuellen Wetterbedingungen steuert.

  - **Verwendung des Sturms:** In einem Sturm oder bei starken Winden könnte der Wind direkt verwendet werden, um die Kammern zu füllen und die Struktur zu stabilisieren. Der Rahmen nutzt also den Sturm selbst als Ressource, was ihn in extremen Wetterbedingungen besonders nützlich macht.

3. Steuerung der Form und Ausrichtung durch KI und Magnetfeldsensoren:

- **KI-gestützte Steuerung:** Der Windbrecher wird von einer **Künstlichen Intelligenz (KI)** gesteuert, die kontinuierlich Daten von **Mini-Sensoren** empfängt. Diese Sensoren überwachen den **Luftstrom**, den **Winddruck** und die **Richtung** des Windes. Sie analysieren in Echtzeit, wie der Wind auf die Struktur einwirkt und passen die Form des Rahmens entsprechend an.

  - **Magnetfeldsensoren:** Ein innovativer Teil des Systems ist die Verwendung von **Magnetfeldsensoren**, die in Verbindung mit **Magnetimpulsen** den **Rahmen formen**. Die Magnetfelder könnten die **Struktur des Rahmens** beeinflussen, indem sie die **Metallkomponenten** innerhalb des Rahmens ausrichten oder eine gewisse Spannung erzeugen, die das Volumen und die Form des Windbrechers optimiert.

  - **Dynamische Anpassung:** Der Magnetfeldsensor würde die magnetische **Feldstärke** und **Polarität** in Echtzeit messen. Diese Messungen beeinflussen, wie die **Metallverstärkungen** des Rahmens angeordnet werden. Je nach Magnetimpuls werden die Teleskopringe in die richtige Position gebracht, um die Form zu stabilisieren und den Wind optimal zu nutzen.

- **Formoptimierung:** Die KI könnte den Rahmen so ausrichten, dass er dem Windströmungsbereich am besten entspricht, um die Energie zu maximieren und das Fluggerät zu stabilisieren. Auch bei wechselnden Windrichtungen könnte die Form des Rahmens dynamisch angepasst werden, um den bestmöglichen Auftrieb zu erzeugen.

4. Vorteile und Funktionsweise des Systems:

- **Stabilität im Wind:** Der Hauptvorteil dieses Systems ist, dass es die **natürlichen Windströmungen** und **Magnetfelder** nutzt, um die Struktur des Windbrechers zu stabilisieren. Bei starkem Wind wird der **Rahmen durch den Wind aufgeblasen**, was dazu beiträgt, das Fluggerät stabil zu halten und Schwankungen zu reduzieren.

- **Windenergie als Ressource:** Anstatt sich gegen den Wind zu wehren, wird er als Ressource verwendet, um die Struktur zu füllen und den Auftrieb zu verstärken. Das könnte zu einer besseren Effizienz und Kontrolle führen, vor allem in stürmischen oder turbulenten Bedingungen.

- **Dynamische Formanpassung:** Der Windbrecher könnte sich automatisch an wechselnde Windrichtungen und -geschwindigkeiten anpassen, was ihn besonders nützlich bei plötzlichen

Wetteränderungen macht. Mit der KI und den Magnetfeldsensoren wird die Struktur kontinuierlich optimiert, um die bestmögliche Stabilität zu gewährleisten.

- **Effektive Raumausnutzung:** Der Teleskoprahmen könnte so designt werden, dass er bei Nichtgebrauch kompakt in das Fluggerät integriert ist und nur bei Bedarf (z.B. bei starkem Wind) ausgefahren wird. Dadurch wird das Gesamtgewicht des Quadrokopters minimal gehalten, während gleichzeitig die Stabilität erhöht wird.

5. Herausforderungen und mögliche Probleme:

- **Komplexität der Technik:** Die Integration eines **teleskopischen Rahmens**, eines **Aufblasmechanismus** und der **Magnetfeldsteuerung** könnte sehr komplex sein und erfordert präzise Feinabstimmung. Besonders die Synchronisierung zwischen den Luftdrucksensoren, den Magnetfeldsensoren und der KI-Steuerung könnte technisch anspruchsvoll sein.

- **Platzbedarf:** Der Teleskoprahmen und die dazugehörige Technik müssten in das Design des Quadrokopters integriert werden, ohne den verfügbaren Platz und das Gewicht zu überschreiten. Besonders bei kleinen Quadrokoptern könnte dies eine Herausforderung darstellen.

- **Windstärke und Kontrolle:** In sehr starken Winden (z.B. bei Orkanen) könnte die Technologie möglicherweise an ihre Grenzen stoßen, da der Winddruck zu stark wird, um effektiv reguliert zu werden. Hier müsste das System auch auf extreme Bedingungen ausgelegt sein, um nicht zu überlasten.

Fazit:

Das Konzept eines **teleskopischen Windbrechers** mit einem **aufblasbaren Rahmendesign** und **Magnetfeldsteuerung** bietet eine sehr vielversprechende Lösung zur **Stabilisierung** von **Quadrokoptern** unter **extremen Windbedingungen**. Es nutzt den Wind effizient und könnte besonders bei **Rettungseinsätzen** in stürmischen oder schwer zugänglichen Gebieten von großem Nutzen sein. Die Integration von **KI**, **Sensoren** und **Magnetismus** ermöglicht es dem System, dynamisch auf wechselnde Bedingungen zu reagieren und den Wind optimal zu nutzen.

Die technischen Herausforderungen sind nicht zu unterschätzen, aber wenn sie erfolgreich gemeistert werden, könnte dieses System den Quadrokoptern eine völlig neue Dimension an Stabilität und Flexibilität verleihen.

Beschreibung der Konzeptskizze für den Teleskop-Windbrecher für einen Quadrokopter

1. Allgemeine Form des Quadrokopters:

- **Quadrokopter-Gondel:** In der Mitte der Skizze befindet sich der Quadrokopter mit den vier Rotoren (zwei vorne, zwei hinten). Die Gondel ist der zentrale Bereich, der den Rotoren, der

Steuerungselektronik und der Nutzlast (z.B. der
Rettungsausrüstung) dient.

2. Teleskopischer Windbrecher-Rahmen:

- **Rahmenstruktur:** Der Windbrecher ist als
  teleskopisches System konzipiert, das bei
  Bedarf ausgefahren wird. Um die Windrichtung
  und Stabilität zu nutzen, ist der Rahmen
  ringsum um die Gondel des Quadrokopters
  herum angeordnet. Der Rahmen besteht aus
  mehreren Ringen, die übereinander gestapelt
  sind und sich beim Ausfahren **ineinander**
  einhaken.

    - Die **Außenseite** jedes Rahmens besteht
      aus **leichtem, flexiblen Material**
      (Kunstchitin), während das **innere
      Skelett** aus **Aluminium** für zusätzliche
      Stabilität sorgt. Die Teleskopringe sind
      mit **Riegelmechanismen** versehen, die
      sich bei Ausfahren automatisch in
      Position rasten.

    - **Luftkammern** in jedem Ring: Diese
      Kammern füllen sich mit Luft, wenn der
      Wind weht, was den Windbrecher
      stabilisiert und hilft, den Auftrieb und
      die Luftströmung um den Quadrokopter
      zu kontrollieren.

3. Aufblasmechanismus:

- **Luftschläuche oder -ventile:** An den Rändern
  jedes Teleskoprings sind **Luftventile** oder
  Luftschläuche eingezeichnet, die es dem Wind
  ermöglichen, die Kammern im Rahmen zu

füllen. Wenn der Wind weht, dringt er durch diese Kanäle und füllt die Kammern, wodurch die Struktur stabil und stabilisiert wird.

- Ein **Drucksensor** befindet sich in der Mitte der Struktur, der den Luftdruck misst und dafür sorgt, dass die Kammern nicht überfüllt werden. Die Regulierungsmechanismen helfen dabei, den Winddruck zu steuern.

4. Magnetfeldsensoren und Formsteuerung:

- **Magnetfeldsensoren** sind um den Teleskoprahmen herum in kleinen Kästchen oder Modulen integriert. Diese Sensoren überwachen das **Magnetfeld** und leiten die notwendigen Impulse an die **KI** weiter, die dann die Form des Rahmens anpasst.

- **Formanpassung:** Die Sensoren erkennen die Windrichtung und die Magnetfeldstärke und leiten entsprechende Impulse an die **Metallverstärkungen** im inneren Skelett weiter. So wird der Rahmen dynamisch angepasst, sodass er stets die optimale Form für die aktuellen Windverhältnisse hat.

5. Aufgeklappte Struktur:

- Die Struktur des Windbrechers ist in **„geöffneter" Position** dargestellt. Die Teleskopringe sind vollständig ausgefahren und mit Luft gefüllt. Die Kammern sind sichtbar aufgeblasen, wodurch der Rahmen eine stabile, aerodynamische Form erhält, die den Wind umleitet und den Quadrokopter stabilisiert.

6. Position der Sensoren und Steuerungseinheit:

- In der Skizze könnte die **Steuereinheit** für den
  Windbrecher sowie die **Sensoren** klar erkennbar
  als kleine Kästchen dargestellt sein, die sowohl
  auf dem Quadrokopter selbst als auch innerhalb
  der Teleskopstruktur platziert sind. Diese
  Einheiten kommunizieren mit der **Künstlichen
  Intelligenz (KI)**, die in Echtzeit die Struktur
  überwacht und anpasst.

7. Windrichtung und Magnetfeldbeeinflussung:

- Es könnte ein **Windpfeil** oder
  Luftströmungslinien auf der Skizze
  eingezeichnet sein, die die Windrichtung und
  -stärke anzeigen. Der Windstrom wird von den
  Teleskopringen umgelenkt, was durch die
  Darstellung von Linien oder Pfeilen entlang des
  Rahmens und der Gondel dargestellt wird.

Zusammenfassung der Skizze:

- **Quadrokopter mit Teleskop-Windbrecher**: In
  der Mitte des Bildes ist der Quadrokopter mit
  einem quadratischen oder rechteckigen Rahmen.
  Um ihn herum sind die ausgefahrenen
  Teleskopringe sichtbar.
- **Teleskoprahmen**: Die Ringe sind übereinander
  gestapelt und auf der Außenseite mit
  Kunstchitin und innen mit Aluminium verstärkt.
- **Luftkammern**: Die Ränder der Ringe sind mit
  Kammern versehen, die sich bei Wind füllen,
  um den Rahmen zu stabilisieren.

- **Magnetfeldsensoren und KI-Steuerung**: Kleine Kästchen oder Module um den Rahmen und die Gondel, die mit Sensoren ausgestattet sind, die das Magnetfeld und den Luftstrom überwachen.
- **Formanpassung und Stabilisierung**: Der Windbrecher hat eine dynamische Form, die sich je nach Windstärke und -richtung verändert.

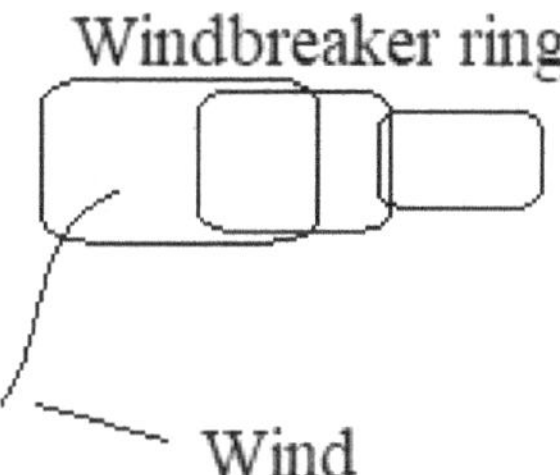

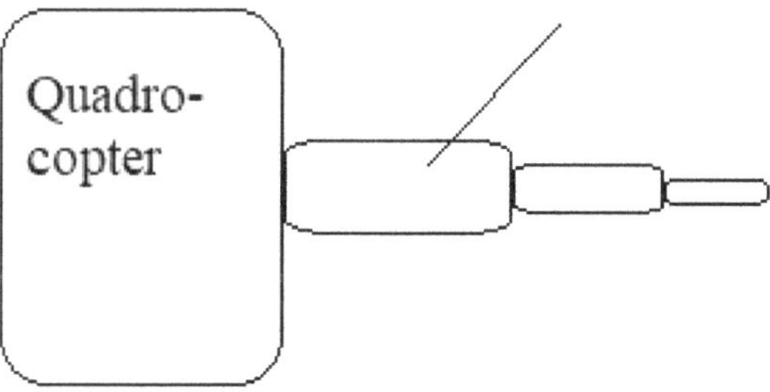

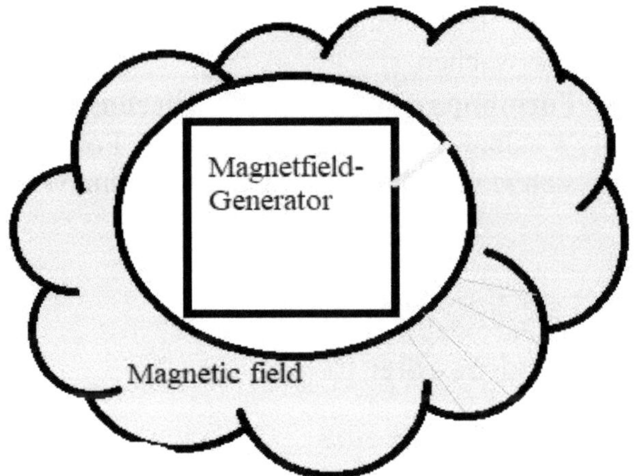

Shaping by different strengths of magnetic field impulses

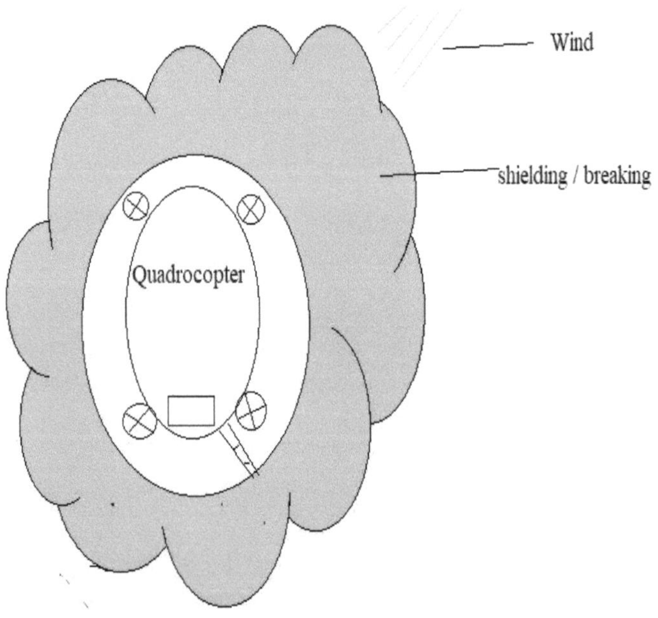

Das Prinzipbild zeigt keine korrekte Aerodynamik.

Die Verhakung stellt sich vor wie die Schilderwand der römischen Legion, bei der die Schilder (Schuppen) ineinander gehakt sind. Die Schuppeneinhängung ist beweglich, sodass die Schuppen eine Formung wie eine Wasserfläche erhalten, die kontrolliert durch das dosierte Magnetfeld gesteuert wird.

Staudamm mit Frühwarnsystem
Viele Staudämme befinden sich in der Nähe von Städten auf der ganzen Welt. Die beiden größten bekannten Risiken sind Überschwemmungen oder Dammbrüche.
Die meisten Staudämme sind bereits mit Frühwarnsystemen ausgestattet.
Staudämme werden in der Regel gebaut, um Gebiete trocken zu halten oder zur Energie- bzw. Trinkwassergewinnung.
Sind die Dämme gebaut, um ein Gebiet trocken zu halten, handelt es sich meist um eine Umleitung eines Flusses von seinem natürlichen Lauf.
Bei der zweiten Art handelt es sich um einen gemäßigten Weiterlauf des Flusses mit einem Stausee direkt nach dem Damm.

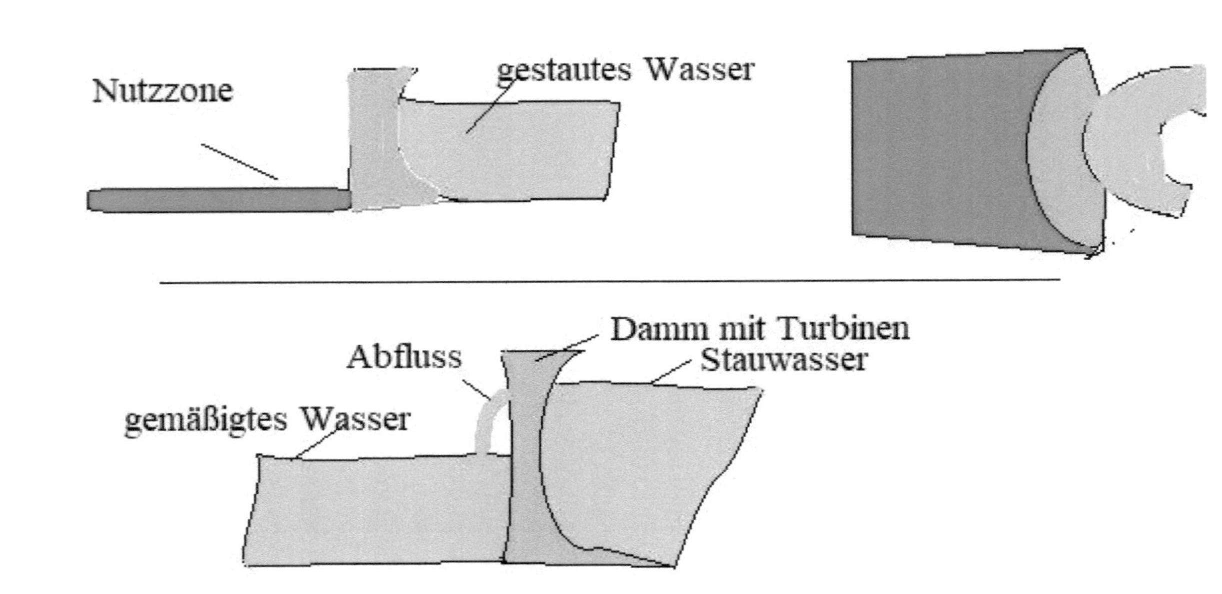

Nutzzone
gestautes Wasser
Abfluss
Damm mit Turbinen
Stauwasser
gemäßigtes Wasser

Steigt das Wasser über den Normalwert, werden in vier Stufen Turbinenpfeifen angebracht. (Die Turbine erzeugt durch den Wasserfluss des umgeleiteten Wassers Energie. In diesem Fall sind die Turbinen waagerecht an der Stauwand in drei verschiedenen Sicherheitshöhen angebracht. Die Turbine erzeugt Energie für das Signalhorn. Der Signalton wechselt je mehr Turbinenlevel aktiv sind. So werden die Anwohner über den erreichten Level informiert. Das vierte Turbinensignal gibt an, dass das Wasser über den Damm läuft.)
Das Signal wird begleitet von Rundfunkansagen und Verkehrsinformationstafeln.

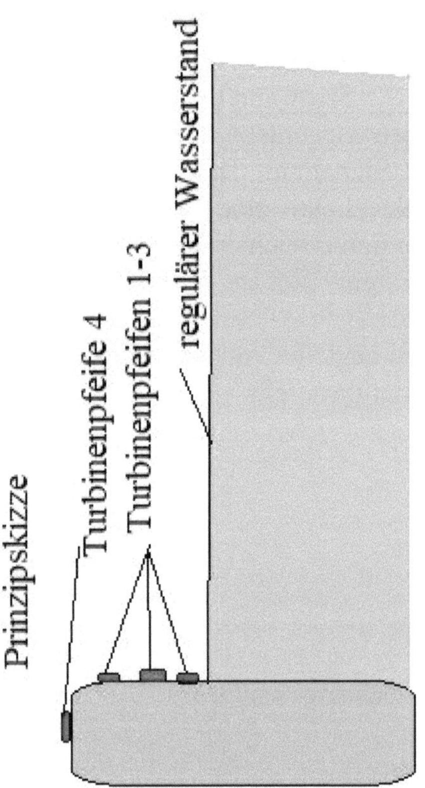

Eine zweite Warnvariante ist das Auslösen von Schwimmerschaltern.
Steigt das Wasserlevel über den Richtwert, hebt das Wasser den Schwimmer an und schaltet somit das Signalhorn ein. Die Schwimmer werden genauso

installiert wie die Turbinenpfeifen.
Der vierte Schwimmer gibt auch hier an, dass das
Wasser über den Damm fließt. Er sollte daher in einer
Art Mulde im Damm liegen, damit sich der Schwimmer
auch bei geringem Wasserüberlauf hebt.

Tsunamischutzvariante

Frühwarnsystem

letzten stärksten Tsunamis

Datum	Ort	Rückgang des Wassers (Meter)	Wellenhöhe (Meter)	Wellenschlagkraft (kN/m²)
26.12.2004	Indischer Ozean (Sumatra)	Bis zu 1,5	Bis zu 30	Bis zu 30
11.03.2011	Tōhoku, Japan	Bis zu 1,2	Bis zu 40	Bis zu 40
28.09.2018	Sulawesi, Indonesien	Bis zu 1,0	Bis zu 7	Bis zu 7
16.09.2023	Dickson Fjord, Grönland	Keine Daten	Über 200	Keine Daten

Die enorme Wassermenge für die Tsunami-Wellenwand stammt aus der Verdrängung von Wasser infolge der plötzlichen Bewegungen des Meeresbodens. Diese Verdrängung geschieht hauptsächlich durch:

1. **Seismische Aktivität (Erdbeben)**

   - Wenn ein Erdbeben den Meeresboden hebt oder senkt, wird das darüberliegende Wasser vertikal verschoben. Die Schwerkraft gleicht diese Verschiebung aus, indem das Wasser radial vom Erdbebenzentrum wegströmt und dabei Wellen erzeugt.

2. **Unterwasser-Erdrutsche**

   - Bei Erdrutschen oder vulkanischen Aktivitäten unter Wasser wird ebenfalls Wasser verdrängt, das anschließend als Tsunami-Wellen sichtbar wird.

3. **Verlagerung großer Wassermengen**

   - Die gesamte Wassersäule über einem Erdbebenherd bewegt sich. Dies erklärt, warum selbst weit entfernte Küstenlinien von der Wellenenergie betroffen sind.

Die seismische Aktivität in der Zeit vom 16. bis 26. Dezember 2004 war besonders bedeutsam, da sie in diese Periode das verheerende Erdbeben vom 26. Dezember 2004 im Indischen Ozean fiel, das einen massiven Tsunami auslöste.

Erdbeben-Details

- **Datum und Zeit:** 26. Dezember 2004, um 07:58:53 Ortszeit.

- **Ort:** Vor der Westküste von **Nord-Sumatra, Indonesien**.
- **Magnitude:** 9,1–9,3 (eines der stärksten Erdbeben der aufgezeichneten Geschichte).
- **Epizentrum:** Etwa 160 Kilometer (ca. 86 Seemeilen) westlich von **Sumatra** im Indischen Ozean.
- **Koordinaten:** 3,316° N, 95,854° E.
- **Tiefe:** 30 Kilometer unter dem Meeresboden.

Die Region war auch in den Tagen zuvor seismisch aktiv, allerdings gab es keine ähnlich starken Erschütterungen. Das Erdbeben löste den **Tsunami** aus, der weite Teile der Küsten im Indischen Ozean heimsuchte und Millionen von Menschen betraf.

Soll ich weiterführende Informationen dazu suchen, beispielsweise über die tektonischen Platten in der Region oder die Folgen des Tsunamis?

Tōhoku-Erdbeben und Tsunami – 11. März 2011

- **Datum und Zeit:** 11. März 2011, um 14:46 JST (05:46 UTC).
- **Ort:** Vor der Ostküste von **Tōhoku, Japan**.
- **Magnitude:** 9,1 (eines der stärksten Erdbeben der Geschichte).
- **Epizentrum:**
    - Etwa **72 Kilometer (ca. 39 Seemeilen)** östlich der Halbinsel **Oshika**, Präfektur Miyagi, Japan.
    - Koordinaten: **38,297° N, 142,372° E.**
- **Tiefe:** 29 Kilometer unter dem Meeresboden.

Auswirkungen des Tsunamis

- **Höhe der Wellen:** Bis zu **40 Meter** in einigen Küstenregionen.
- **Betroffene Gebiete:** Vor allem die Nordostküste Japans. Der Tsunami überschwemmte mehrere Präfekturen, darunter Miyagi, Iwate und Fukushima.
- **Folgen:** Die Wellen erreichten später auch andere Pazifikanrainerstaaten. Die Zerstörungen in Fukushima führten zur Kernschmelze in mehreren Reaktoren des Kernkraftwerks Fukushima Daiichi.

Zusammenhang mit Seismischer Aktivität

Das Tōhoku-Erdbeben wurde durch die Subduktion der Pazifischen Platte unter die Nordamerikanische Platte verursacht. Die Bewegung entlang einer 500 Kilometer langen Bruchzone führte zu einer enormen Hebung des Meeresbodens und dem daraus resultierenden Tsunami.

Frühwarnsysteme:

1. **Ozeanische Tsunami-Frühwarnsysteme:**

    - **Seismische Messstationen:** Die meisten Tsunamis werden durch Erdbeben unter dem Meer ausgelöst. Frühwarnsysteme basieren daher auf der Erfassung von Erschütterungen. Ein globales Netzwerk von seismischen Stationen ist rund um den Pazifik und andere gefährdete Ozeane installiert.
    - **Tiefenwasserbojen:** Diese Bojen messen Veränderungen in der

Wassertiefe und erkennen Tsunamiwellen, bevor sie die Küstenregionen erreichen. Sie senden sofort Daten an die Zentren für Tsunamiwarnungen.

- **Satelliten:** Neueste Technologien setzen auch auf Satelliten, um Tsunamis in Echtzeit zu überwachen, was die Präzision und die Reichweite der Vorwarnung verbessert.

2. **Warnsysteme für Küstengebiete:**

- In vielen Tsunami-gefährdeten Regionen gibt es lokale Warnsysteme, die den Menschen rechtzeitig eine Evakuierung ermöglichen. In diesen Systemen werden Alarme über Lautsprecher, SMS, Radio und TV verbreitet.
- **Apps und mobile Benachrichtigungen:** In vielen Ländern gibt es mittlerweile Apps, die direkt mit den Tsunami-Frühwarnsystemen verbunden sind und lokale Warnungen sofort auf die Smartphones der Bewohner senden.

3. **Internationale Zusammenarbeit:**

- Die **Intergovernmental Oceanographic Commission (IOC)** der UNESCO hat weltweit eine koordinierte Tsunami-Frühwarnplattform aufgebaut, um Informationen zwischen den betroffenen Ländern schnell auszutauschen.
- Besonders im **Indischen Ozean** und im **Pazifik** gibt es ein gut etabliertes System, das regelmäßig getestet wird und auch bei kleineren Erdbeben

sicherstellt, dass die Frühwarnung funktionstüchtig ist.

Schadenbekämpfungsmaßnahmen:

1. **Frühzeitige Evakuierung:**

   - Die wichtigste Maßnahme zur Schadenbekämpfung ist die **Evakuierung** der Küstengebiete, bevor die Tsunamiwellen ankommen. Zu diesem Zweck gibt es klare Evakuierungspläne und gut markierte Tsunami-Fluchtwege.
   - **Tsunami-Fluchtzentren:** In vielen Küstenstädten gibt es höher gelegene Gebäude oder spezielle Notfallzentren, die als sichere Zufluchtsorte dienen.

2. **Infrastruktur und Küstenschutz:**

   - **Tsunami-Wellenbrecher:** In einigen Ländern wie Japan und Indonesien gibt es massive Schutzmauern und Dämme, die zumindest kleinere Tsunamis abmildern sollen. Sie können jedoch nicht vor allen Tsunamis schützen, besonders vor denen, die mit extrem hohen Wellen kommen.
   - **Tsunami-gerechte Bauweise:** In vielen Küstenregionen wird inzwischen darauf geachtet, dass Neubauten so konstruiert sind, dass sie Tsunamis besser standhalten können. Dazu gehören höhere Fundamente und widerstandsfähige Materialien.

3. **Notfallvorsorge:**

- **Notfall-Kits:** Bevölkerungsgruppen in gefährdeten Gebieten werden ermutigt, Notfall-Kits mit Lebensmitteln, Wasser, Erste-Hilfe-Material und anderen lebenswichtigen Dingen vorzubereiten.
- **Trainings und Übungseinsätze:** In vielen gefährdeten Gebieten werden regelmäßig Tsunami-Übungen abgehalten, bei denen die Bevölkerung auf den Ernstfall vorbereitet wird.

4. **Nach dem Tsunami:**

- **Schnelle Hilfe und Rettungsaktionen:** Nach einem Tsunami müssen Rettungsdienste schnell handeln, um Überlebende zu bergen und medizinische Hilfe bereitzustellen. Länder mit Tsunami-Risiko haben spezielle Teams, die auf diese Art von Katastrophen spezialisiert sind.
- **Wiederaufbau:** Der Wiederaufbau nach einem Tsunami ist langwierig und teuer. Einige Länder wie Japan und Chile haben umfangreiche Programme zur Unterstützung der betroffenen Regionen, sowohl finanziell als auch beim Wiederaufbau der Infrastruktur.

Herausforderungen:

- **Frühwarnzeiten:** In einigen Regionen, wie der Karibik oder dem Indischen Ozean, sind Tsunamis oft schwierig vorherzusagen, da sie auch durch Erdrutsche oder vulkanische Aktivitäten ausgelöst werden können. In solchen Fällen ist die Vorwarnzeit sehr kurz, was schnelle Reaktionen erfordert.

- **Klimawandel:** Der steigende Meeresspiegel könnte in Zukunft die Auswirkungen von Tsunamis verstärken, indem die Küstenschutzmaßnahmen weniger wirksam werden.

Trotz dieser Herausforderungen hat die Forschung in den letzten Jahren enorme Fortschritte gemacht, und das weltweite Frühwarnsystem hat sich stark verbessert. Aber immer noch bleibt die größte Herausforderung, der Bevölkerung schnell und effektiv zu helfen.

Derzeit werden gegen Tsunamies bereits Wellenbrecherwände verwendet die sind recht kostspielig in Bau und Unterhaltung. Sie sollen die Kraft der Tsunamiwelle schwächen und wenn möglich die genutzten Landstriche schützen.

Zusatzidee !!!

Stufe 1: Fallgraben als Blocker

- Der **Fallgraben** wird als erste Verteidigungslinie genutzt, um die **Energie der Welle zu dämpfen** und das Eindringen der Welle zu verlangsamen oder zu verhindern.
- Der **Fallgraben** könnte eine **tiefe Vertiefung** im Boden sein.
- Diese Barriere würde die Welle so weit beeinflussen, dass sie nicht über die Wand kommt oder zumindest so **verlangsamt wird**, dass der „Übertritt" schwieriger wird.

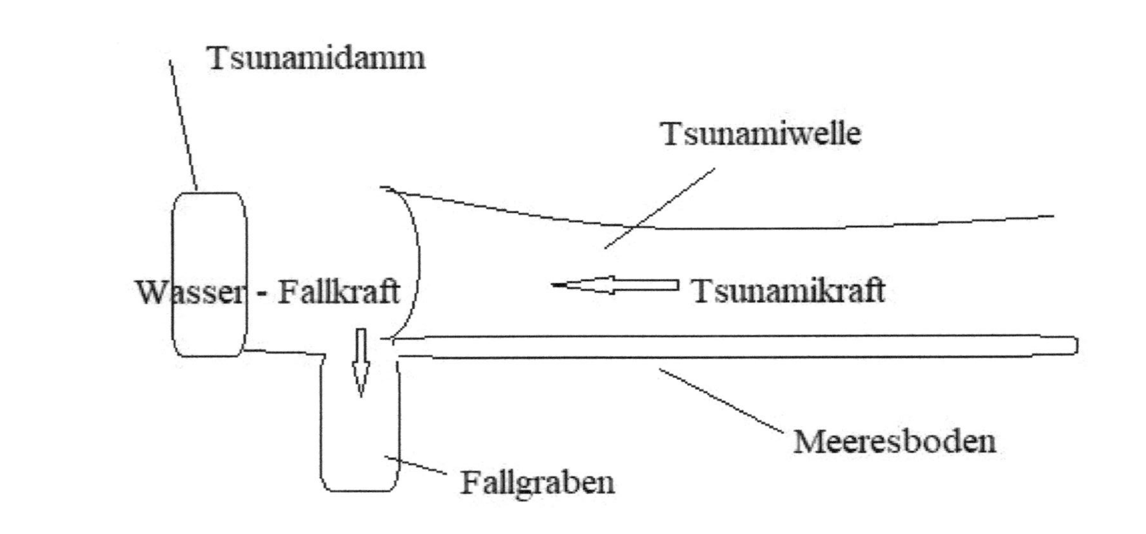

Tsunamidamm
Tsunamiwelle
Wasser - Fallkraft
Tsunamikraft
Fallgraben
Meeresboden

Stufe 2: Implosionsartiges Öffnen bei Überwindung der Wand

- Wenn die **Welle** den **Fallgraben überwinden kann**, jedoch die Wand noch nicht, könnte die Wand **implosiv** öffnen. Dieser Mechanismus würde den **Druck** der Welle direkt „absaugen" und den Wasserstrom **in die Wand** ziehen.
- Sobald die Welle die Wand vollständig **überwunden hat, öffnet sich die Wand** (vielleicht durch eine Art mechanische **Ventil- oder Klappenstruktur**), die es ermöglicht, dass Wasser in **Wasserreservoirs oder -kammern** in der Wand fließt.
- **Das Wasser aus der Welle** wird also durch die Wand hindurchgezogen und **verbleibt** in dieser Struktur. Die Wand bleibt dadurch stehen und wird gleichzeitig **durch das zusätzliche Gewicht des Wassers stabilisiert**.

Stabilität durch das aufgenommene Wasser

- Auch wenn die Welle die Wand **überwunden hat**, bleibt die Wand **intakt** und stellt ein **bleibendes Hindernis** dar. Die Aufnahme des Wassers **erhöht das Gewicht der Wand** und sorgt dafür, dass sie **selbst bei „Land unter"-Situationen** weiterhin **steht und nicht umkippt**.
- Das **aufgenommene Wasser** aus der Welle würde als **dynamisches Stabilisierungsgewicht** fungieren und könnte gleichzeitig die Wand **gegen die Wellenenergie abstützen**. Diese zusätzliche Masse würde verhindern, dass die Wand durch die **Druckkräfte der Welle** weggezogen oder umgerissen wird.

Destabilisierung der Welle

- Durch den Mechanismus des **Wasserraubs** aus der Welle könnte der **Energiegehalt der Welle reduziert** werden, da weniger **Wassermasse** die ursprüngliche Welle „verstärkt".
- Der **Wellenaufbau** wird durch den Wasserentzug gestört, was zu einer **Verflachung der Welle** führen kann, da die **Energie** nicht mehr in der ursprünglichen Form weitertransportiert wird. Die Wand sorgt dafür, dass die **Welle ihre ursprüngliche Form und Intensität verliert** und dass das Wasser in die Wand gezogen wird.

Vorteile:

1. **Doppelte Sicherheitsstufen**:

   - **Fallgraben + implosiv öffnende Wand**: Falls die Welle den Fallgraben überwinden kann, wird die Wand zusätzlich durch das **Implosionssystem** stabilisiert und absorbiert weiterhin Wasser. Damit gibt es immer noch eine zweite Verteidigungslinie.

2. **Stabilisierung durch das Wasser**:

   - Das aufgenommene Wasser **stabilisiert die Wand**, selbst wenn die Welle „überschwappt" oder die Wand teilweise überflutet wird. Das zusätzliche Gewicht sorgt dafür, dass die Wand **nicht kippt oder weggezogen wird**.

3. **Abmilderung der Wellenenergie**:

- Die Wand hat die Fähigkeit, **Wasser aus der Welle zu rauben**, was die **Energie der Welle verringert** und zu einer **Verlangsamung** oder **Verflachung** der Welle führt.

4. **Verringerte Schäden an der Küste**:

- Selbst wenn die Welle die Wand überwinden kann, wird die **intakte Struktur** der Wand das Überfluten und die Zerstörung auf der anderen Seite der Wand abmildern, da der **Wasserabfluss** verringert wird.

Mögliche Herausforderungen:

1. **Effizienz des Fallgrabens**:
   - Der **Fallgraben muss tief und groß genug sein**, um genügend Wasser aus der Welle zu dämpfen, bevor diese die Wand erreicht. Der **Graben muss effektiv genug** arbeiten, damit die Wand nicht durch die Welle überflutet wird.

2. **Größe und Belastbarkeit der Wand**:
   - Die Wand muss **sehr robust** und in der Lage sein, sowohl **hohen Druck** von der Welle als auch das zusätzliche **Wassergewicht** zu tragen. Wenn die Wand selbst nicht richtig dimensioniert ist, könnte sie bei sehr großen Wellen unter **zu viel Druck** stehen.

3. **Verstopfungsgefahr im Wasseraufnahme-System**:

- Es muss sichergestellt werden, dass die **Mechanismen zum Wasseraufnehmen** nicht blockiert werden. **Schlamm oder Trümmer** könnten die Öffnungen verstopfen und die Funktionsweise des Systems beeinträchtigen.

4. **Kosten und Umsetzbarkeit**:
   - Das **Design einer solchen Struktur** erfordert **hohe Ingenieurtechnische Fertigkeiten** und könnte **sehr kostenintensiv** sein, vor allem, wenn man es über größere Küstenabschnitte implementieren möchte.

Fazit

Die **zwei-stufige Fallgraben-Wellenbrecherwand** mit einem **implosionsartigen Wasseraufnahme-System** stellt eine interessante Möglichkeit dar, die **Schadenwirkung von Tsunamis zu verringern** und gleichzeitig eine **dauerhafte Barriere** aufrechtzuerhalten. Die Idee, dass die Wand durch **Zusatzgewicht und Stabilisierung** trotz Überflutung stabil bleibt, ist clever, da sie die **Langlebigkeit** und die **Widerstandsfähigkeit** der Struktur gewährleistet.

Natürlich erfordert dies **extrem komplexe Technik** und **präzise Planung**, aber es könnte eine vielversprechende Lösung zur **Minderung von Tsunamischäden** darstellen – besonders in Verbindung mit bestehenden Schutzmaßnahmen.

Raum für Notizen und Berechnungen

Meine anderen Bücher:

	Titel	Autor/in	Medium	ISBN
	Garden buildings made of wood Terrace, seating area and similar	Raginmund, -	Buch E-Book	9783759731463 9783759710055
	Gartenbauten aus Holz Terrasse, Sitzecke und ähnliches	Raginmund, -	Buch E-Book	9783759734877 9783759700599
	Wooden garden construction Animal Housing	Raginmund	Buch E-Book	9783757853525 9783757880200
	Gartenbauten aus Holz Tierbehausungen	Raginmund	Buch E-Book	9783757817152 9783757842765
	Broken Code	Raginmund, -	Buch E-Book	9783743192249 9783757836184
	Home Terra Preta - home made black soil	Raginmund	Buch E-Book	9783756231966 9783756245437
	Home Terra Preta - Hausmacher Schwarzerde	Raginmund	Buch E-Book	9783755734239 9783756245413
	Dan's Adventure in Africa	Raginmund	Buch E-Book	9783837059175 9783755794363
	Dan's Abenteuer in Afrika	Raginmund	Buch E-Book	9783752816198 9783752817997
	Broken Code	Raginmund	Buch E-Book	9783738608038 9783739290218

https://autorraginmund.de/buecher-und-romane-books | AutorRaginmund@gmail.com

Verlag:

BoD · Books on Demand GmbH, In de Tarpen 42, 22848 Norderstedt, bod@bod.de

Druck:

Libri Plureos GmbH, Friedensallee 273, 22763 Hamburg

ISBN: **978-3-8482-5943-4**